LES SOCIALISTES

ET LES

BONS TEMPLIERS

Par Emile VANDERVELDE

3ᵉ MILLE

Prix : 10 centimes

1910

ÉDITÉ PAR LA GRANDE LOGE FRANCO-BELGE

Secrétariat : Collonges-sous-Salève (Haute-Savoie)

OUVRAGES A RÉPANDRE

LES SOCIALISTES

ET LES

BONS TEMPLIERS

Par Emile VANDERVELDE

3ᵉ MILLE

Prix : 10 centimes

1910

ÉDITÉ PAR LA GRANDE LOGE FRANCO-BELGE

Secrétariat : *Collonges-sous-Salève (Haute-Savoie)*

CAHORS, IMPRIMERIE A. COUESLANT. — 12.762

I. — LES SOCIALISTES ET LES BONS TEMPLIERS

Lorsque nous avons créé à Bruxelles, la première Loge socialiste de *l'Ordre Indépendant des Bons Templiers,* notre initiative fut, d'abord, accueillie par des sarcasmes et des éclats de rire. Nombre de nos camarades qui sont eux-mêmes des buveurs très modérés, dénoncèrent comme une folie véritable, la propagande par le fait qui consiste à s'abstenir radicalement de toute boisson alcoolique (vin, bière ou eau-de-vie) et à refuser d'en procurer à d'autres. Depuis, les esprits se sont calmés. Notre Loge a triomphé des difficultés des débuts. Une trentaine de membres s'y sont fait inscrire et nous espérons qu'avant peu, il y aura des groupes d'abstinents dans tous les centres ouvriers de France ou de Belgique, comme il y en a dans tous les centres ouvriers d'Angleterre, des pays scandinaves et même de Suisse et d'Allemagne.

Mais pour arriver à ce résultat, il importe de répondre à certaines objections, toujours les mêmes, que l'on fait aux abstinents en général, et aux abstinents socialistes en particulier.

Beaucoup de nos camarades, en effet, ne sont pas loin de croire que, pour les ouvriers, l'alcool est un mal nécessaire.

Quand on est bien chauffé, bien nourri, bien vêtu, nous disent-ils, il est plus facile que de prêcher les autres, d'éviter tout excès de boissons, de s'abstenir scrupuleusement de boissons fermentées ou distillées, en si petite quantité que ce soit ; mais, le mineur qui sort de la fosse, le briquetier qui travaille à la dure, celui qui a froid, qui a l'estomac creux, qui a besoin de tromper sa fatigue, tous ceux, en un mot, dont les conditions d'existence sont défectueuses, résistent bien difficilement à la tentation de cet alcool, qui les remonte pendant quelques instants.

Tout cela est parfaitement vrai ; il n'est pas un socialiste qui songe à contester que l'alcoolisme ait des causes profondes ; que la misère, la mauvaise alimentation, l'état défectueux des logements, la prolongation excessive des heures de travail, ne soient autant de facteurs qui viennent ajouter à l'action du fléau.

Seulement, ici comme ailleurs, les causes et les effets s'enchevètrent ; si la misère contribue au développement de l'alcoolisme, l'alcoolisme, à son tour, est une cause de misère et de démoralisation. Aussi le prolétariat socialiste a-t-il pour impérieux devoir de s'attaquer non seulement à l'ennemi du dehors, au capitalisme qui l'exploite, mais à l'ennemi du dedans, qui lui ronge les entrailles, aux besoins factices, qui absorbent le plus clair de ses ressources et de ses forces.

On a dit, justement, que le Socialisme n'est pas seulement un parti, ou une doctrine, mais une Religion. Cette religion nouvelle doit imposer à ses adhérents une discipline morale.

S'il était démontré que l'usage des boissons alcooliques, *même à doses modérées* (comme s'il y avait des pestes modérées, des choléras raisonnables !) ne présente aucun des avantages que le préjugé populaire leur attribue ; que, bien au contraire, elles sont nuisibles et dangereuses, parce que l'usage de l'alcool dès qu'il entre dans les mœurs d'un peuple, conduit à l'abus avec une certitude absolue, les meneurs du Parti ouvrier, les travailleurs d'élite qui ont pour devoir de prêcher d'exemple, comprendraient la nécessité de combattre l'alcoolisme, avec plus de rigueur qu'ils ne le font aujourd'hui, avec cette ténacité et cette énergie qui leur a déjà valu tant de victoires sur les autres et sur eux-mêmes.

Or, la démonstration est faite depuis longtemps, par d'irrécusables expériences : l'alcool est inutile, nuisible, même pris en petites quantités.

II. — LES EFFETS DE L'ALCOOL

Personne ne songe à contester les conséquences désastreuses de l'alcoolisme. Ce serait nier l'évidence. Celui qui boit avec excès devrait être considéré comme un véritable criminel, car, en s'abrutissant, il ne fait pas seulement tort à lui-même.

Un père ivrogne, c'est presque toujours la misère dans le ménage, et, chose plus irréparable, la dégénérescence héréditaire pour les enfants.

Le Docteur Bourneville constate que, sur 1.000 enfants, entrés, de 1880 à 1890, dans le service des enfants idiots, épileptiques et arriérés de Bicêtre, l'alcolisme a été relevé :

Chez le père	de 471	d'entre eux.
Chez la mère	de 84	d'entre eux.
Chez le père et la mère	de 65	d'entre eux.

Total   620

Soit beaucoup plus de la moitié de ces malheureux, car les renseignements ont fait défaut pour 171 enfants, et, chez 209 seulement, les parents n'étaient pas des alcooliques.

Ainsi, presque toujours les enfants des alcooliques paient pour leurs parents, et c'est déjà une raison suffisante pour être impitoyable à l'égard de ceux qui déshonorent le prolétariat, en se saoûlant comme des porcs, chaque fois qu'ils ont un jour de loisir.

Je ne connais rien de plus triste, quand on se promène dans les centres industriels, le jour de la Sainte-Barbe ou du 14 Juillet, que de rencontrer tous les dix pas des hommes qui ont perdu tout sentiment de leur dignité et dont la face ravagée porte les traces irrécusables de l'alcoolisme chronique.

Vis-à-vis de ceux-là, malheureusement, il n'y a plus grand'chose à faire ; mais le devoir impérieux des Partis ouvriers, c'est de mettre en œuvre tous les moyens d'action dont ils disposent, pour empêcher les générations nouvelles de tomber aussi bas.

Pour cela, il ne suffit pas de montrer les conséquences désastreuses de l'ivrognerie ; il faut, encore et surtout, s'attaquer à ce préjugé — accrédité longtemps par les médecins eux-mêmes — « qu'une petite goutte de temps en temps ne fait pas de mal » ; que l'alcool, en petites quantités, est un excitant utile, presque nécessaire.

Les Buveurs modérés

Demandez, en effet, à l'un ou l'autre de nos camarades, pourquoi — sans être le moins du monde un

ivrogne — il boit de l'alcool, et, chaque fois, il vous
donnera des raisons qu'il croit excellentes.

Le terrassier, l'ardoisier, le briquetier, le débar-
deur, tous les ouvriers, en un mot, qui travaillent en
plein air, boivent pour se réchauffer, pour mieux
résister à la neige, à la pluie ou à la froidure.

Le tapissier, le houilleur, tous ceux qui travaillent
dans des locaux fermés et malsains, boivent pour
se débarrasser des poussières, pour se nettoyer le
gosier.

Tous boivent quand ils sont fatigués, quand ils
ont besoin de se donner des forces, quand ils éprou-
vent une indisposition ou une faiblesse quelconque.
« Il n'y a rien de tel qu'une grande goutte, pour me
donner un coup de fouet, un coup d'éperon. » Ou
bien encore : « Je ne me sens pas à l'aise, le matin,
et je ne sais pas travailler si je ne commence pas
par avaler un petit verre. » Autant de motifs, autant
d'erreurs, et d'erreurs d'autant plus dangereuses que
les effets réels et durables, produits par l'alcool, sont
exactement les contraires de ses effets apparents et
momentanés.

En effet, il est expérimentalement démontré aujourd'hui, que l'alcool, bien loin d'être un *excitant*,
est un *paralysant*.

1° Les travaux de Schmiedeberg et de Jacquet ont
établi que l'alcool n'est pas un excitant du cœur,
ni un excitant de la respiration ;

2° Tout le monde est d'accord, maintenant, pour
reconnaître que l'alcool exerce une action dépres-
sive sur la température et la nutrition ;

3° Les expériences de Schmiedeberg et de Destrée
démontrent, à l'évidence, que le rendement de travail
musculaire, obtenu quand on consomme des boissons
alcooliques, est inférieur à celui que l'on obtient en
se privant d'alcool ;

4° Enfin Krœpelin et Smith ont établi que l'alcool,
même à doses modérées, déprime au lieu d'exciter
les facultés intellectuelles.

En somme, donc, pour nous en tenir à ce qui
intéresse directement les travailleurs, il est évident,
tout d'abord, que l'alcool ne sert à rien pour empêcher les houilleurs de cracher noir, pour aider les
tapissiers à cracher les poussières qu'ils avalent, ou
pour protéger les peintres contre la colique de
plomb. Bien au contraire, étant donné que le plomb
et l'alcool agissent tous deux, d'une manière très pernicieuse, sur les mêmes organes — spécialement sur
le foie et sur le rein — leurs mauvais effets s'addi-

tionnent et, dans les hôpitaux, il est souvent fort difficile de distinguer nettement l'alcoolisme du saturnisme, l'empoisonnement par l'alcool de l'empoisonnement par le plomb.

Quant aux effets plus généraux que l'on attribue aux boissons alcooliques, nous savons maintenant que, d'abord,

L'Alcool ne réchauffe pas

Je vois d'ici mon lecteur qui se rebiffe, qui en appelle au sens commun, à l'expérience qu'il fait tous les jours, quand il avale un verre de bière, de vin ou d'eau-de-vie.

Eh bien ! cela prouve tout simplement, cher camarade, que vous êtes trompé par vos nerfs, que vous êtes le jouet d'une illusion.

Que se passe-t-il, en effet, lorsque l'on prend de l'alcool ?

Les vaisseaux sanguins qui se trouvent à la surface du corps se dilatent ; le sang se porte à la peau et, comme ce sont les nerfs de la peau qui nous transmettent les sensations de chaleur, ces nerfs ont plus chaud, par suite de l'afflux sanguin ; nous nous figurons alors naturellement, que notre individu a été réchauffé par l'alcool.

Seulement, quand on mesure, au moyen d'un thermomètre, la température d'un individu, avant et après qu'il a bu, l'on constate que, bien au contraire, l'absorption d'alcool a provoqué une perte, une déperdition de chaleur ; nous avons plus chaud à la surface, plus froid à l'intérieur, et cela s'explique fort aisément : le sang chaud, circulant en plus grande quantité à la surface du corps, se refroidit au contact de l'atmosphère ; d'où une plus grande déperdition de chaleur, un abaissement de la température du corps.

Aussi, la première impression, purement nerveuse, se dissipe bientôt pour faire place à un refroidissement plus intense. L'homme éprouve le besoin de réagir ; il prend une nouvelle dose d'alcool ; d'autres, le plus souvent, ne tardent pas à suivre, et c'est ainsi que nous voyons un grand nombre d'ouvriers s'alcooliser jusqu'aux moelles, tout en se figurant qu'ils ne font pas d'excès de boisson.

L'Alcool ne nourrit pas

On a longtemps prétendu, cependant, que l'alcool était « un aliment d'épargne », c'est-à-dire, que sans nourrir directement l'individu qui en absorbe, il diminuait l'usure des tissus, les pertes que la nourriture proprement dite a pour objet de réparer. En d'autres termes, la combustion de l'alcool, à l'intérieur du corps, produirait une certaine économie dans la combustion d'autres éléments.

Il est exact, en effet, que l'alcool, à faibles doses, diminue, dans une certaine mesure, la consommation des substances protéiques (graisse et albumine), qui doivent être remplacées par l'albumine et la graisse contenues dans les aliments.

Seulement, ce gain n'est qu'illusion, parce que la déperdition de chaleur, qui résulte de la dilatation des vaisseaux sanguins, exige bientôt que l'individu, refroidi par l'alcool, consume plus de graisse, pour obtenir la chaleur voulue.

L'Alcool n'active pas les fonctions intellectuelles

Il y a pas mal de gens qui se figurent trouver de l'esprit au fond du verre. Le professeur Krœpelin, avec infiniment plus de raison, accorde seulement aux boissons alcooliques « le privilège de délier les langues dans les sociétés d'imbéciles ».

Tous les expérimentateurs modernes, en effet, tendent à admettre que l'alcool, même à faibles doses, exerce une action paralysante sur les fonctions intellectuelles. Seulement, cette paralysie commence par les centres les plus élevés, pour n'atteindre que progressivement les centres les plus anciens dans l'évolution. Ce sont les facultés les plus hautes qui disparaissent les premières, c'est le jugement et la réflexion qui se paralysent et, comme le dit Schmiedeberg : « Le soldat devient plus courageux, parce qu'il s'occupe moins des dangers et réfléchit moins sur lui-même. L'orateur ne se laisse pas émouvoir et impressionner par le public, et parle donc avec plus de liberté et d'enthousiasme. » Mais, en réalité, si les centres inférieurs fonctionnent plus librement, c'est parce que les centres supérieurs, paralysés, ne leur servent plus de frein.

L'Alcool ne fortifie pas

Au lieu de donner des forces, l'alcool exerce une influence pernicieuse, déprimante, sur l'activité musculaire. Rien de plus instructif, à cet égard, que les expériences de feu le docteur Destrée. Elles démontrent, en effet — confirmant et rectifiant un grand nombre de travaux antérieurs, — que, si l'alcool est un moyen factice de supprimer la sensation de la fatigue, son action est fugace, passagère et, finalement, nuisible : les effets paralysants sur le système nerveux surgissent rapidement, et avec une intensité telle qu'aucun bénéfice momentané ne peut les compenser.

En résumé, donc, les recherches scientifiques les plus récentes aboutissent à des conclusions que le docteur Auguste Forel, professeur de psychiatrie à l'Université de Zurich, formule dans les termes suivants :

1° Les buveurs, dits modérés, ne se fortifient pas, ne se nourrissent pas, ne gagnent rien. Ils perdent en moyenne 6 ans de vie (démontré par les sociétés anglaises d'assurance sur la vie) et sont sujets à deux fois plus de maladies que les abstinents ;

2° La cause de l'alcoolisme est l'*usage* de l'alcool, parce que l'usage général conduit irrévocablement une grande partie du peuple à l'abus ;

3° Quiconque boit modérément de l'alcool induit (inconsciemment) son prochain — plus faible que lui en général — à faire de même. Par conséquent, il se fait complice : de l'alcoolisation du peuple, de plus de la moitié des crimes, de la mort d'un dixième de nos hommes adultes, etc., puisque la plupart des gens ne sont pas en état de demeurer tout à fait modérés ;

4° Tout le terrain et tout le travail employés à la production des boissons alcooliques sont employés en pure perte pour empoisonner les gens.

III. — CE QU'IL FAUT FAIRE

Nous le savons maintenant : — l'alcool, sous toutes les formes, est un poison (plus ou moins dangereux selon que la dose est plus ou moins forte) — et surtout, l'alcoolisme est un mal social, qui atteint et menace la classe ouvrière dans sa santé, dans son énergie et dans les générations qu'elle engendre. Que faut-il faire pour opposer à pareil fléau une action vraiment efficace ?

Je n'hésite pas à le dire, il faut prêcher d'exemple, il faut mener contre l'alcool cette propagande par le fait qui consiste à s'abstenir absolument de toutes boissons où entre de l'alcool, même de vin, même de bière, même de cidre et, comme il importe que cette lutte contre l'acool s'organise, et se poursuive internationalement, j'estime que le meilleur moyen de la mener, c'est de créer des groupes affiliés à l'*Ordre Indépendant des Bons Templiers*.

On connaît déjà, par les brochures du docteur Forel et du docteur Legrain, les principes fondamentaux de l'Ordre des Bons Templiers.

Quiconque adhère à une de ses Loges prend l'engagement de « **bannir de sa consommation personnelle, même occasionnelle, sauf prescription médicale ou cultuelle, toute boisson ou liqueur enivrante : vin, cidre, bière, alcools de toutes espèces. Il s'engage à proscrire également tout usage, à titre voluptuaire, des poisons stupéfiants, tels que : morphine, opium, haschich, cocaïne, éther, etc.** »

Mais ce n'est pas tout ; car tel est déjà le programme de nombreuses sociétés d'abstinence. Travaillant à la destruction du fléau alcoolique et considérant l'alcool comme un poison, fermement décidé, en outre, à être *logique* avec ses principes le Bon Templier ne saurait comprendre que, par ses actes, il puisse, dans une mesure quelconque, entretenir le mal qu'il combat.

Aussi organise-t-il sa vie de façon à **n'acheter, ne fabriquer, ne vendre, n'offrir aucune boisson alcoolique et à ne faire aucun acte qui puisse favoriser l'industrie ou le commerce des boissons enivrantes.**

Il s'efforce d'obtenir la *prohibition légale* de ces mêmes agents de dégénérescence sociale et, par suite, il crée une agitation en faveur de cette idée ;

et pour y parvenir, il se livre à une étude approfondie de l'alcoolisme et de ses causes.

Enfin, il persévère dans ses efforts « pour sauver les individus et les collectivités de la peste alcoolique, malgré toute espèce d'opposition et de difficulté, jusqu'à ce que le succès soit complet et universel. »

Nous ne décrirons pas ici l'organisation de l'Ordre des Bons Templiers.

On trouvera, à cet égard, des renseignements précis dans les brochures suivantes :

FOREL. — *L'Ordre Indépendant neutre des Bons Templiers.*

LEGRAIN. —*L'Ordre Indépendant des Bons Templiers.*

Bornons-nous à constater ici que, si l'Ordre est neutre, s'il n'est affilié à aucun parti et n'adhère à aucune confession, les Loges, c'est-à-dire les groupes qui y adhèrent, peuvent librement avoir une couleur politique et religieuse déterminée.

Il y a, dans l'Ordre Neutre des Bons Templiers, des Loges confessionnelles, comme il y a des Loges socialistes et des Loges sans caractère religieux ni politique.

Notre Loge de la Maison du Peuple de Bruxelles par exemple, est affiliée au Parti ouvrier belge, et ne compte, par conséquent, que des socialistes militants.

IV. — LES OBJECTIONS

Je ne me dissimule pas, au surplus, que cette organisation, qui a fait ses preuves en Allemagne, en Suisse, dans les pays scandinaves, soulève encore, en Belgique et en France, de multiples objections, qui ont été développées, notamment à la Maison du Peuple de Bruxelles, dans un débat contradictoire, par mon ami le Dr Terwagne, député d'Anvers.

J'ai répondu à ces objections dans une conférence dont je demande la permission de reproduire ici quelques passages essentiels.

Nous savons bien que, malgré tout, notre organisation en Loge des Bons Templiers soulève des objections de tout genre. Chose curieuse, ces objections ont été soulevées récemment au sein de la Loge que nous avions fondée. Nous nous sommes trouvés en présence de camarades qui disaient : « Nous abstenir, oui. Engager les autres à s'abstenir, oui encore. Mais ce que nous ne voulons pas, c'est du rituel de l'Ordre des Bons Templiers ! » En effet, l'Ordre des Bons Templiers a emprunté plus ou moins ses statuts, sa charte, à la Franc-Maçonnerie. Quand on se réunit en séance de l'Ordre, on met des rubans, on prend des airs graves, on prononce des paroles rituelles. Et un grand nombre de nos amis ne veulent pas entendre parler de tout cela. Ils veulent se réunir comme on se réunit dans des sociétés ou des groupes politiques : ils ne veulent pas de rubans, ils ne veulent pas de paroles rituéliques, ils ne veulent pas de déclarations solennelles. Et ils nous ont signifié qu'ils voulaient, comme condition *sine qua non,* la suppression du rituel. En présence de cette opposition irréductible, il n'y avait plus qu'à en référer aux chefs de l'Ordre. On est arrivé assez aisément à un arrangement. Nous avons constitué un groupe d'adhérents où l'on se borne à prendre l'engagement d'abstinence. Tout le monde est content : Nous avons maintenu l'unité du mouvement international, mais nous dispensons ceux de nos membres qui le veulent, des obligations rituéliques [1].

Seulement, notre propagande contre l'abstinence continue à se heurter aux objections habituelles. Vous les connaissez : elles ont été développées d'une manière très complète dans le discours de mon ami le Dr Terwagne dont je vous parlais tout à l'heure. Sa thèse est celle-ci : « Vous êtes des ascètes et nous ne le sommes pas. » Et en second lieu : « L'abstinence est peut-être bonne pour les gens bien nourris, mais elle est mauvaise pour les pauvres. »

Vous êtes des ascètes !...

Je vous avoue que le reproche me touche peu et que si je devais choisir entre être appelé « ascète » et être appelé « jouisseur », j'aimerais mieux être comparé à un moine de la Thébaïde qu'à quelqu'un qui va s'enivrer chez le mastroquet. Seulement, pour rendre hommage à la vérité, je ne vois absolument rien d'ascétique dans l'engagement d'abstinence totale, car celui-ci est tout simplement l'enga-

---

1 Je m'empresse d'ajouter que, depuis l'arrangement intervenu, le groupe d'adhérents est mort de sa belle mort, tandis que la Loge a prospéré.

gement de ne pas compromettre notre santé physique et morale en absorbant des boissons alcooliques. Mais, nous dit-on, si vous renoncez à l'alcool, vous allez renoncer à quantité d'autres choses, et Terwagne, par exemple, nous accusait de vouloir supprimer également le café et le tabac.

Ainsi donc, parce que nous renoncerions à l'alcool, nous devrions également renoncer au tabac et au café. Et mon ami Terwagne ajoute « aux femmes », comme s'il ne voyait pas ce qu'il y a de profondément choquant dans cette assimilation entre le besoin d'amour et le besoin d'alcool.

Mais ne parlons que du café et du tabac. Je ne dis pas que j'engage les gens à fumer ; je trouve surtout qu'ils devraient s'en abstenir quand ils se trouvent avec des personnes que le tabac incommode, — ce qui arrive très souvent.

Je ne dis pas non plus qu'il faut boire force café. Mais si je compare les effets du café ou du tabac à ceux de l'alcool, j'y vois une différence essentielle. Le poison alcoolique abrutit et dégrade des milliers d'individus ; il remplit les cabarets, les asiles d'aliénés, les hôpitaux, les prisons. Par contre, je n'ai jamais vu les victimes du café ou du tabac dans les prisons, les hôpitaux ou les asiles d'aliénés. Par conséquent, je fais une différence essentielle entre cette habitude qui peut être plus ou moins bonne, ou plus ou moins mauvaise, mais qui ne regarde que l'individu, et une habitude contagieuse qui a fait des ravages sans nombre, qui a fait verser des flots de sang et de larmes et que, pour ces raisons, nous avons le devoir de combattre au nom des intérêts de l'humanité ! Nous ne devons pas seulement lutter contre l'alcoolisme parce que les hommes se dégradent, mais aussi parce que les femmes en sont les victimes, parce qu'elles sont tyrannisées par leurs maris et parce que leurs enfants, de génération en génération, portent la peine du péché alcoolique originel et héréditaire qui pèse sur eux par la faute des autres.

Mais alors, on nous dit : « Il vous est facile à vous de vous abstenir d'alcool, mais il n'en est pas de même des ouvriers, dont l'alimentation est insuffisante et qui doivent suppléer, par l'alcool, à la nourriture qui leur fait défaut. »

Cet argument, à première vue, semble avoir quelque valeur. A y regarder de plus près, cependant, il ne signifie absolument rien. A supposer, en effet, ce que nous contestons, que l'alcool ait une valeur alimentaire et qu'il puisse suppléer, dans une très faible mesure, au sucre, à la viande et au pain, — ceux même qui combattent l'abstinence totale, qui disent que la modération doit être permise — et notamment le Dr Glay au Congrès antialcoolique de Paris en 1889 — reconnaissent cependant que, de tous les aliments, l'alcool est le plus mauvais et aussi le plus coûteux. « La valeur alimentaire de l'alcool, dit Glay, est hors de proportion avec le prix de cette consommation, et, au point de vue de l'effet utile, c'est un aliment environ trois fois plus cher que le lait et huit fois plus cher que le pain. » Et le professeur De Wilde, de Bruxelles, exprimait naguère la même idée dans une forme plus pittoresque en disant qu' « il serait plus économique de se nourrir de grives et de bécasses que de se nourrir de bière ou de vin ».

Par conséquent, bien loin que ce soient les plus pauvres qui doivent boire le plus d'alcool, c'est, au contraire, eux qui, ne fût-ce que pour des raisons économiques, devraient s'abstenir de cet aliment, ce prétendu aliment, plus coûteux en tout cas que tout autre. Par conséquent, si les riches doivent s'abstenir d'alcool, ne fût-ce que pour l'exemple, les pauvres ont intérêt à s'en abstenir, ne fût-ce qu'au point de vue argent.

Seulement, il y a quelque chose de vrai, il y a une âme de vérité dans ce que disent les partisans de l'alcool pour le peuple : c'est que les pauvres, les mal nourris, les mal logés, les mal traités, ont plus de peine que les autres à résister à la tentation de l'alcool. Il y a là un phénomène d'ordre psychologique.

Pourquoi boit-on ?

On boit par préjugé, par habitude ; on boit parce que s'est répandue cette idée fausse que l'alcool peut servir à quelque chose. Mais surtout on boit par besoin d'être heureux, parce que l'on se dit que, grâce à l'alcool, on va échapper pendant quelques instants aux soucis, aux misères et aux inquiétudes de la vie. On boit pour se créer, suivant le mot de Beaudelaire, « des paradis artificiels ».

Or, quels sont les hommes qui ressentent le plus vivement le besoin d'échapper aux misères et aux tracas de la vie ? Ce sont évidemment les déshérités, ceux pour qui la vie est mauvaise, ceux dont la maison est triste et noire, ceux dont le travail est abrutissant et trop prolongé, ceux dont l'alimentation est monotone et insipide, ceux dont la sécurité est menacée à tout instant par la maladie et le chômage. Et voilà pourquoi, si l'alcoolisme est, peut-être, aussi développé dans la bourgeoisie que dans le prolétariat, la résistance à la propagande antialcoolique doit être plus forte, peut-être, dans un prolétariat dont, souvent, les seules distractions sont l'alcool et le cabaret.

Dans ces conditions, ceux qui veulent que la propagande antialcoolique soit réellement efficace, ne doivent pas se borner à prêcher contre l'alcool. Ils doivent encore lutter pour faire disparaître les conditions sociales et économiques qui rendent ce fléau pour ainsi dire inévitable.

Et, par conséquent, lorsque vous travaillerez avec nous pour que les ouvriers aient des maisons plus propres et plus claires, pour que la réglementation de la journée de travail leur donne des loisirs, pour que leurs salaires soient relevés, pour que leur nourriture ne soit plus monotone et insipide, pour qu'ils ne vivent plus sous la menace permanente de la maladie ou du chômage, — vous aurez en même temps lutté avec plus d'efficacité, que par des discours contre l'alcoolisme.

Mais, d'autre part, s'il est vrai que la question de l'alcoolisme est une question sociale, il est vrai aussi que l'un des moyens de résoudre la question sociale, c'est d'obtenir des résultats efficaces dans la lutte contre l'alcoolisme. En effet, plaçons-nous au point de vue argent, au point de vue économique. Prenons un ouvrier qui a le courage de s'abstenir de toute boisson alcoolique et qui devient un buveur d'eau ou un buveur de café. S'il renonce, par exemple, aux deux verres de bière qu'il prend quotidiennement, cela fait 20 centimes par jour, et à la fin de l'année 73 francs. Or, il n'y a pas un seul ouvrier à Bruxelles qui dépense 73 francs par an en cotisations pour son syndicat. Il lui suffirait donc de renoncer à une boisson inutile ou nuisible pour avoir devant lui une somme qui suffirait à égayer son intérieur, à lui procurer des journaux ou des livres, et à participer plus efficacement au mouvement d'émancipation de sa classe.

D'autre part, au point de vue psychologique, l'homme qui ne boit pas d'alcool est supérieur à celui qui s'adonne à la boisson. Les physiologistes sont d'accord pour dire qu'après une phase d'excitation transitoire, l'alcool est un anesthésique, un narcotique et un paralysant. C'est un anesthésique, car les hommes qui se livrent à l'alcool arrivent à un degré de dégradation morale qui leur fait oublier leur misère ; c'est un narcotique qui fait que les hommes livrés à l'alcool sont endormis, alors qu'ils devraient être réveillés à l'heure du combat ; enfin, c'est un paralysant qui fait que l'intelligence est moins claire, que la volonté est moins ferme.

Eh bien, nous qui voulons des hommes qui sentent leur misère pour la faire disparaître, des hommes qui ne soient pas endormis mais éveillés, des hommes qui aient l'intelligence claire et la volonté ferme, nous combattons l'alcool non seulement à cause des ravages qu'il fait, mais encore à cause de l'obstacle qu'il met à l'émancipation d'une classe qui, pour nous, renferme dans ses flancs l'avenir !

CAHORS, IMPRIMERIE A. COUESLANT. — 12.762

Comité exécutif de la Grande Loge franco-belge pour 1910-1911

M. CHEVASSU, 8 *bis,* rue Jannot, St-Denis (Seine).

M. HAYEM, Collonges-sous-Salève (Haute-Savoie).

Mme HAYEM, Collonges-sous-Salève (Haute-Savoie).

M. HENNEBERT, 90, rue Verbockhaven, Bruxelles.

Mme KEELHOFF, 28, rue des Minimes, Bruxelles.

Dr LEGRAIN, 14, rue de Tournon, Paris.

Dr ROSENDAHL, 40, boul. Louis-Salvator, Marseille.

Dr SANTSCHI, Kairouan (Tunisie).

M. VANDERVELDE, 68, rue Paul-Lauters, Bruxelles.

Autres adresses utiles de Bons Templiers

M. BOUCLY, 133, voie de la Claie, St-Quentin (Aisne).

M. FAVIER, Sallanches (Haute-Savoie).

M. HUCHET, 19, place de l'Hôtel-de-Ville, Le Hâvre.

Mlle JUMAU, 51, rue Jeanne d'Arc, Lille.

M. ROUSSEL, 2 rue Tourgayranne, Orange (Vaucluse).

M. GEINDRIE, Longuyon (Meurthe-et-Moselle).

Les Annales Antialcooliques

Journal mensuel
de **VULGARISATION & d'ÉTUDES**
et Organe
de l'Ordre Indépendant et neutre des Bons Templiers
publié sous la direction
du **Docteur LEGRAIN**

Collaborateurs de l'Ordre :

BERGMAN, prof. à Norrköping (Suède) ; — BUNGE, prof. à l'Univ. de Bâle ; — DAUDÉ-BANCEL, sec. gén. de l'Union coopérative ; — Miss A. GRAY (Londres) ; — FOREL, anc. prof. à l'Univ. de Zurich ; — HELINIUS, prof. à Helsingfors ; — HAYEM, avocat, sec. de la L. I. ; — HERCOD, de Lausanne ; — Mⁿᵉ OTTILIE HOFFMAN, de Brême ; — KASSOWITZ, prof. à l'Univ. de Vienne ; — de TERRA, dir. hon. des chem. de fer allemands ; — etc., etc.

Abonnements : France, Fr. **3** »
Union Postale, Fr. **3,50**
Pour les Instituteurs, 1 An, Fr. **1,50**
Prix spéciaux pour abonnements collectifs servis à la même adresse.

JOURNAUX DE L'ORDRE A L'ÉTRANGER

L'Abstinence (Suisse) : Rédact. M. HERCOD, Les Feuillantines, à Lausanne.
Schweizerische Abst. Blaetter (Suisse) : Rédact. M. SCHONENBERGER. — Administ. M. JOOS-BAESCHLIN, à Schaffouse.
Der neutrale Guttempler : Réd. M. REINER, adr.: KLINGENTEICH, Heidelberg.
Deutscher Guttempler : Rédact. M. ASMUSSEN. — Administ. Fr. JEPSEN, à Flensburg (Allemagne).
The Good Templars' Watchword (Angleterre) : Administration : 162, Edmund Street, à Birmingham.
Mimer (Suède) : Réd. M. BERGMAN, à Norrköping.
Reformatorn (Suède) : Réd. M. EKLUND, 39, Jekobshergsgatam, Stockholm.
Az Alkoholismus : Réd. M. le Dʳ DOCZI (Budapest).
Bene Sociale : Réd. M. GIOVANNI ROCHAT, via Manzoni, Florence.

PARIS ET CAHORS, IMPRIMERIE A. COUESLANT. — 12.762